Happy School

Campos de Experiências

Mônica Pina e Virginia Finzetto

Inspirado nos ensinamentos de
MARIA MONTESSORI

Eu me Comunico

Linguagem

Happy Books

Este livro pertence a

____

____

Rodovia Jorge Lacerda, 5086 - Poço Grande
Gaspar - SC | CEP 89115-100

Direção:
Angela Finzetto

Texto e consultoria pedagógica:
Mônica Pina

Atividades e edição:
Virginia Finzetto

Imagem e ilustração:
Shutterstock

Projeto gráfico e diagramação:
Marcos Inoue

Revisão:
Tamara B. G. Altenburg

IMPRESSO NA CHINA
www.happybooks.com.br

Dados Internacionais de Catalogação na Publicação (CIP)
(Câmara Brasileira do Livro, SP, Brasil)

Pina, Mônica
Eu me comunico: Linguagem
[Texto: Mônica Pina, Virginia Finzetto; Ilustração: Shutterstock].
Gaspar, SC: Happy Books, 2023.
(Coleção Campos de Experiências)

ISBN 978-65-5507-628-8

1. Comunicação (Educação infantil) 2. Educação infantil (Atividades e exercícios) 3. Linguagem (Educação infantil) I. Shutterstock. II. Título. III. Série.

23-168075 CDD-028.5

Índices para catálogo sistemático:

1. Literatura infantil 028.5
2. Literatura infantojuvenil 028.5

Eliane de Freitas Leite - Bibliotecária - CRB-8/8415

SUMÁRIO

Atividades

Materiais que vocês vão usar

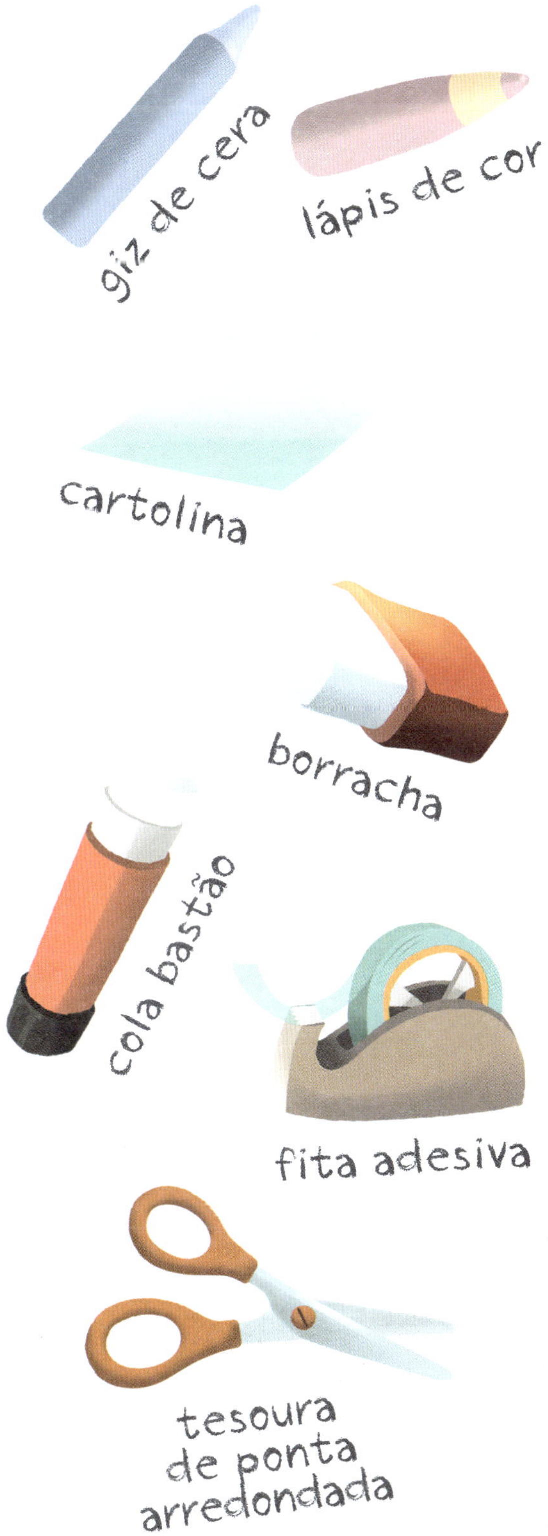

UMA VIDA repleta de estímulos!

No processo de desenvolvimento da criança, conhecimentos, experiências e emoções não podem ser entendidos como elementos isolados, pois se entrelaçam e se reforçam o tempo todo.

Crianças emocionalmente equilibradas e apoiadas por seus familiares têm mais motivação para fazer descobertas, adquirir habilidades, superar situações novas e alcançar objetivos cada vez mais significativos, principalmente quando sua sensibilidade, curiosidade e criatividade são estimuladas.

> "A curiosidade é um impulso para aprender."

Maria Montessori, médica, pesquisadora e educadora

Especialistas em educação definem determinadas áreas de experiência como fundamentais para que a criança aprenda e se desenvolva plenamente. Portanto, cada volume da coleção foi elaborado com foco em uma dessas áreas, sempre valorizando a criança, sua complexidade e individualidade.

As atividades enfatizam habilidades, atitudes e valores que os pequenos vão desenvolver e que se relacionam com suas interações e brincadeiras. A vivência deles com as propostas de cada livro se transformarão em experiências educativas e divertidas, proporcionando a vocês compartilharem momentos de crescimento e afeto.

Áreas de experiência

Cada livro da coleção **Campos de Experiências** tem foco em uma destas áreas, fundamentais para que a criança aprenda e se desenvolva:

EU ME COMUNICO - LINGUAGEM

comunicação oral • vocabulário • habilidades de leitura e escrita • rimas • narração de histórias

EU CALCULO - MATEMÁTICA

quantidades • medidas • comparações • operações números • formas • solução de problemas

EU E OS OUTROS - EMOÇÕES E CONVÍVIO SOCIAL

identidade • autocuidado • autoestima • inteligência emocional consciência de si e do outro • regras sociais

EU EXPERIMENTO - SENTIR E BRINCAR

coordenação visomotora • experiências sensoriais • habilidades de escrita

EU CRIO - CRIATIVIDADE

desenho • pintura • colagem • música • teatro

EU DESCUBRO - EXPLORANDO O MUNDO

natureza e meio ambiente • ciências história • geografia

EU ME LOCALIZO - TEMPO, ESPAÇO E MOVIMENTO

tempo • espaço • orientação absoluta e relativa sequências de fatos • relações de causa e efeito

APRENDER é divertido!

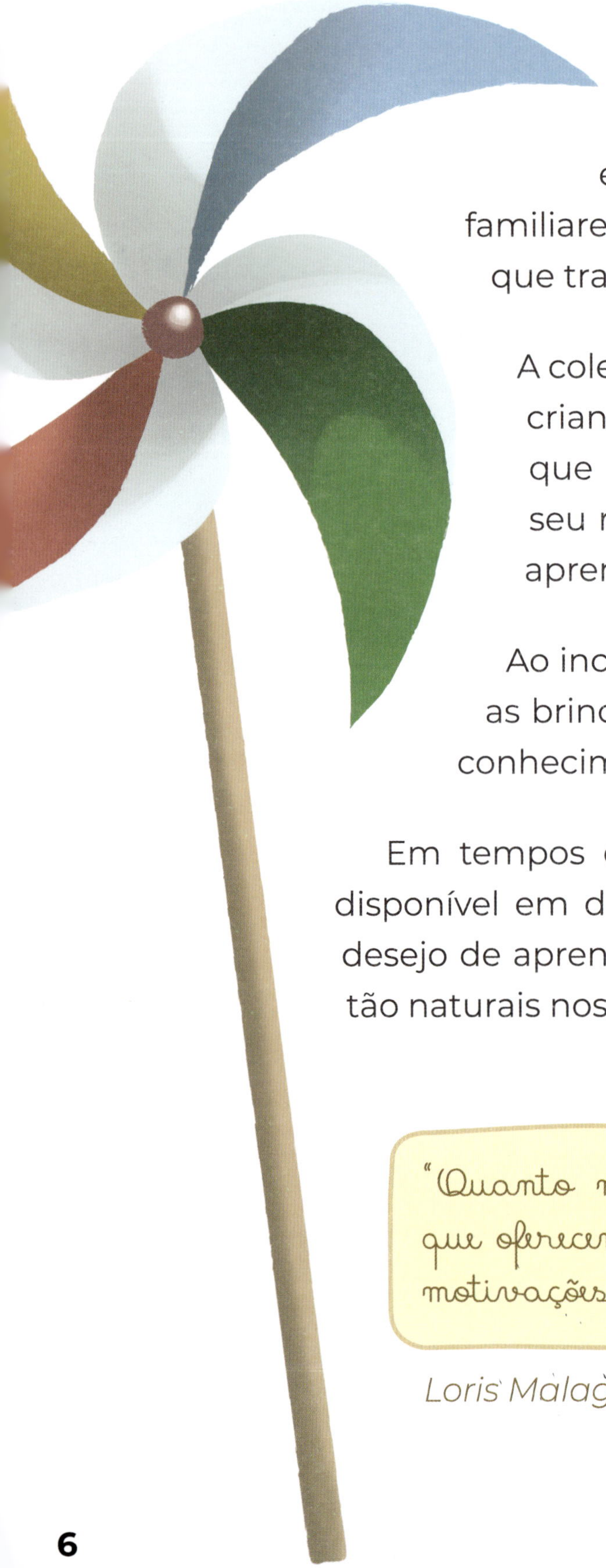

Curiosas e criativas, as crianças fazem as suas maiores descobertas enquanto brincam, experimentam, exploram e observam as pessoas e o mundo ao seu redor. Para acompanhá-las nessa jornada e apoiar o seu desenvolvimento, educadores e familiares contam com a coleção **Campos de Experiências**, que traz atividades desafiadoras e muito divertidas.

A coleção **Campos de Experiências** valoriza o potencial da criança de maneira integral, com propostas educativas que favorecem suas formas de expressão e ampliam seu repertório de vivências e percepções, estimulando a aprendizagem em todas as áreas.

Ao incentivar a criança a fazer suas descobertas e explorar as brincadeiras dos livros abrem-se novos caminhos para o conhecimento.

Em tempos de mudanças tão velozes e de muita informação disponível em diversos meios, é ainda mais importante valorizar o desejo de aprender, a curiosidade e a capacidade de se maravilhar, tão naturais nos primeiros anos de vida.

> "Quanto mais ampla for a gama de possibilidades que oferecemos às crianças, mais intensas serão suas motivações e mais ricas serão suas experiências."

Loris Malaguzzi, pedagogo e professor

RECADO aos pais

Acompanhar o crescimento de uma criança é uma experiência fascinante, cheia de expectativas e de inquietações. Afinal, como a família pode ajudá-la a se desenvolver de forma plena e harmoniosa?

Está comprovado que os aspectos cognitivos, intelectuais, psicológicos, comportamentais, emocionais e relacionais de cada indivíduo se estruturam na primeira infância ou, mais precisamente, a partir dos estímulos a que a criança é exposta nos primeiros cinco anos de vida. Não é por acaso que os especialistas destacam que nessa fase é essencial acolher, ouvir e observar as interações e reações da criança, além de respeitar e estimular suas potencialidades.

Valorizando a conexão com os familiares como a maior referência para a criança, a coleção **Campos de Experiências** traz propostas para serem realizadas com o apoio dos pais. Elas foram criadas, especialmente, para crianças entre 3 e 6 anos de idade.

Cada brincadeira é um convite para que pais e filhos vivenciem mais momentos juntos, com estímulos que têm o objetivo de ampliar as experiências e o desejo da criança de conhecer e experimentar tudo o que é novo.

"A criança observa com amor, nunca com indiferença, e essa atitude permite que sua inteligência revele o invisível."

Maria Montessori, médica, pesquisadora e educadora

LINGUAGEM

a magia da comunicação

Desde muito cedo, contamos histórias aos bebês. Além de uma atitude de acolhimento e afeto, essa atividade divertida e tão simples ensina muito aos pequenos: emitimos sons com a boca, que são as palavras, as quais se combinam para formar frases com significado que, por sua vez, dão origem a uma narrativa dentro de um contexto, com uma mensagem. Som, significado e contexto são a base da comunicação verbal e escrita, um aprendizado essencial para toda a vida.

Nos primeiros meses de vida, a criança se comunica apenas por gestos, olhares, lágrimas e sorrisos. Aos poucos, começa a emitir sons mais elaborados e, em seguida, as primeiras palavras. Por volta dos 18 meses de idade, seu vocabulário tem cerca de 50 palavras e se amplia rapidamente, chegando a 500 palavras por volta dos 36 meses de idade. Ao mesmo tempo, ela passa a construir frases mais complexas e se expressa cada vez melhor. Geralmente, a partir dos 3 anos de idade, já é capaz de articular a maioria dos sons e de construir frases completas e tem uma boa capacidade de comunicação.

Essa evolução marca uma fase especial para o crescimento das crianças e este título da coleção **Campos de Experiências** traz atividades voltadas, especialmente, ao desenvolvimento linguístico nessa etapa.

Os jogos e as atividades têm o objetivo de ampliar o vocabulário, melhorar o reconhecimento e a pronúncia das palavras, identificar as unidades sonoras que vão fundamentar as atividades de leitura e escrita, treinar os movimentos de pega no lápis e o traçado, além de desenvolver a concentração, a atenção e a criatividade.

Acompanhar a criança enquanto interage com as atividades é uma oportunidade de conversar com ela, de observá-la para saber mais sobre seus interesses e suas dificuldades. Além disso, é uma forma de incentivá-la a explorar cada brincadeira de diferentes formas: elaborando perguntas e buscando respostas; brincando com sons, palavras e rimas; fazendo os primeiros traços; observando as imagens para identificar e nomear elementos; descobrindo detalhes; fazendo recortes; desenhos e colagens; imaginando e contando suas histórias.

"A quem entende o sentido da linguagem, o mundo se desvenda em imagens; a quem ouve a alma da linguagem, o mundo se revela como ser; a quem vive o espírito da linguagem, o mundo dá a força do saber; a quem sabe amar a linguagem, ela mesma concede seu próprio poder."

Rudolf Steiner, filósofo e educador, fundador da Antroposofia

O percurso de evolução das diferentes formas de expressão é muito subjetivo e pessoal. Por isso, este livro apresenta propostas com nível gradativo de dificuldade, que podem ser exploradas de acordo com o interesse da criança.

Em cada nível, há uma introdução que destaca os temas abordados nas atividades e, em seguida, são sugeridas outras brincadeiras para treinar e ampliar as competências e habilidades relacionadas aos temas.

Ao final do livro, você encontrará um jogo de pista divertido e desafiador. Depois de destacado, guarde-o para brincar em outras ocasiões.

As brincadeiras e atividades podem ser propostas a partir de outras perspectivas sempre que as crianças desejarem: um recorte de uma ilustração pode dar origem a uma história; uma palavra engraçada pode virar um desenho; dois personagens podem se encontrar entre uma página e outra e, assim, cada criança vai descobrindo do seu jeito a linguagem como uma forma de expressão dentro das muitas possibilidades de comunicação.

Nível 1

Para começar

Neste nível, a criança vai encontrar atividades com áreas amplas para colorir, traçar, recortar e preencher, além de referências a animais e objetos que fazem parte de seu cotidiano e de seu universo de fantasia, para que se sinta envolvida pelos desafios e recompensada por suas habilidades e conquistas.

Veja quais são os principais temas e as habilidades desenvolvidas:

- Atividades de pintura, traçados e caminhos que podem ser feitos, inicialmente, com o dedo e, depois, com lápis e com giz de diferentes espessuras, além das propostas de recorte com tesoura sem ponta, incentivando, assim, as **habilidades manuais e a coordenação motora e visomotora**.
- As cenas e situações em destaque nas ilustrações podem estimular conversas, brincadeiras ou mesmo a **criação de pequenas narrativas orais** que, eventualmente, podem ser transcritas pelos pais.
- Ao colorir, traçar e nomear os animais dos mais diferentes tamanhos e espécies, as crianças vão fazer descobertas e ter estímulo para aprender mais sobre eles e sobre os diversos lugares que habitam, como a fazenda, a selva e o jardim.
- A leitura em voz alta dos itens da **caixa de palavras** amplia o vocabulário da criança e favorece sua percepção sobre os diferentes sons das letras e das sílabas, o que será uma base importante para suas descobertas na alfabetização.

Enquanto a criança interage com as brincadeiras, observe as reações dela para identificar os assuntos e as atividades que lhe despertam maior interesse. Estimule perguntas e pesquisas sobre os temas preferidos.

Os animais da fazenda

Vamos conhecer os animais da fazenda? Cubra o tracejado para completar as árvores e pinte as figuras em branco.

CAIXA DE PALAVRAS: ÁRVORE, BODE, OVELHA, PERU, VACA, CAVALO.

Família

Faça com o dedo o caminho para a família se encontrar e, depois, trace-o com giz de cera.

CAIXA DE PALAVRAS: GALINHA, GALO, PINTINHOS.

Mãe e filho

Usando seu dedo, ligue cada mamãe ao seu filhote. Depois, faça o traçado com um lápis colorido e pinte os animais.

CAIXA DE PALAVRAS: COELHA, PORCA, PATA, PORQUINHO, PATINHO, COELHINHO.

o jardim

Repare quantos bichinhos há no jardim. Quais deles voam? Quais vivem na terra ou debaixo dela? Circule os animais que se repetem.

CAIXA DE PALAVRAS: ARANHA, CARACOL, FORMIGA, MINHOCA (NÃO VOAM); ABELHA, BORBOLETA, BESOURO, LIBÉLULA, LOUVA-A-DEUS, JOANINHA (VOAM).

Eles não param!

Faça com o dedo o movimento de cada inseto e, depois, complete-os com giz de cera.

A abelha voa!

A formiga anda!

O gafanhoto salta!

CAIXA DE PALAVRAS: ABELHA, FORMIGA, GAFANHOTO.

Os pequeninos

Fale o nome dos bichinhos em voz alta e descubra qual está faltando em cada linha.

Recorte as imagens e complete os espaços em branco acima, deixando cada linha e coluna com um bichinho diferente.

CAIXA DE PALAVRAS: ABELHA, ARANHA, CARACOL, JOANINHA.

O formigueiro

Que animais são estes? Onde vivem? O que será que estão fazendo? O que estão carregando? Pense, imagine e conte a história desta turma.

CAIXA DE PALAVRAS:

AMENDOIM, BISCOITO,
FORMIGA, FORMIGUEIRO, FOLHA, CEREJA.

Dino, um gigante na Terra

CAIXA DE PALAVRAS: DINOSSAURO, TIRANOSSAURO REX, VULCÃO.

Você sabia que este é o Tiranossauro Rex, também chamado de T-Rex? Pinte a cena e fale em voz alta o nome desse dinossauro.

A marca do T-Rex

Que tal colorir esta pegada que o dino deixou? Você acha que ele tinha uma pata pequena ou grande?

CAIXA DE PALAVRAS: DINO, PATA, PEGADA.

Outras pegadas...

Observe as marcas de patas que outros animais deixaram aqui. Antes de fazer os traços usando giz de cera, percorra com o dedo o movimento da trilha que cada um fez.

CAIXA DE PALAVRAS: VACA, CACHORRO, GALINHA, CAVALO.

A baleia-azul, uma gigante no mar

CAIXA DE PALAVRAS: BALEIA-AZUL, MAR, NUVEM, SOL.

A baleia-azul é o maior animal que mora nas águas profundas do mar! Deixe a cena bem colorida. Fale em voz alta o nome dos elementos que aparecem na cena.

Os brinquedos

CAIXA DE PALAVRAS: BOLA, CARRO, BONECA, ELEFANTE, AVIÃO, UNICÓRNIO.

Vamos guardar os brinquedos nas prateleiras do armário? Use a tesoura sem ponta e peça ajuda a um adulto para recortar as imagens e colá-las na página ao lado.

Nasce um patinho

Observe as imagens. Qual você acha que vem primeiro? E depois? Conte a história do que está acontecendo. Peça ajuda a um adulto para numerar a sequência.

____

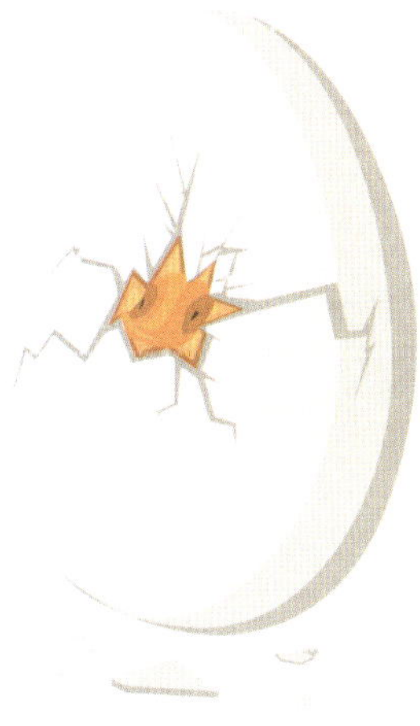

____

____

____

CAIXA DE PALAVRAS: PATINHO, CASCA DE OVO, OVO.

BRINQUE MAIS

Campos de Experiências é só o começo!

Pé ante pé

A partir das atividades sobre pegadas — de dinossauro e de outros animais —, chame a atenção da criança para as próprias pegadas. Vocês podem brincar de pisar juntos em locais com tipos diferentes de solo — areia, grama, lama — e comparar as marcas deixadas pelos sapatos e pelos pés descalços. Será divertido também colocar um papel grande no chão e deixar a criança passar tinta atóxica nos pés e carimbar suas pegadas. Depois, recortem as pegadas e as espalhem pelo chão de um jeito engraçado, marcando um caminho para dançar ou pular ao som de uma música animada.

Turminha do jardim

Pequenos animais como formigas, joaninhas, abelhas e aranhas sempre chamam a atenção dos pequenos e são fáceis de achar em qualquer canteiro ou vaso. Convide a criança a observar esses bichinhos de perto, se possível com uma lupa, para descobrir como se movem, quantas patas têm, se têm antenas, etc., e incentive-a a fazer comparações entre eles. Façam algumas fotos e mostre como pesquisar sobre esses animais em livros e na internet.

Nível 2

Potencializando o aprendizado

Neste nível, a brincadeira pode seguir por vários caminhos. Traçados, recortes e pinturas pedem um pouco de atenção e a criança terá seu repertório de informações e de palavras ampliado, ganhando recursos que vão potencializar a sua imaginação e suas habilidades de expressão.

Veja quais são os principais temas e as habilidades desenvolvidas:

- O **treino da motricidade fina**, com traçados e atividades de pintura e recorte, favorece a evolução da pega do lápis e a futura consolidação das habilidades de escrita.
- Ao explorar de forma lúdica as **situações do cotidiano**, como fazer as compras, por exemplo, a criança descobre que pode se divertir e aprender nas atividades domésticas com a família.
- Ler em voz alta e brincar com a sonoridade das palavras permite a **percepção das unidades silábicas**, de forma que a criança se aproprie de conceitos que serão fundamentais para a alfabetização.
- Brincar com **conceitos opostos** como alto/baixo, menor/maior, por exemplo, incentiva a criança a descobrir os significados das palavras e amplia sua capacidade de observação e expressão.

Convide a criança a imaginar cenas diferentes com os elementos de cada página, a criar encontros e interações entre animais que conhece e de outros que vivem longe, a pesquisar sobre os mais diversos *habitat* e a se imaginar em aventuras por lugares bem diferentes.

Savana africana

Você conhece estes animais selvagens? Onde eles vivem? O que será que estão fazendo perto do rio? Pinte os animais que estão em branco.

CAIXA DE PALAVRAS: ELEFANTE, MACACO, TIGRE, GORILA, LEÃO, HIPOPÓTAMO, RINOCERONTE, GIRAFA, LEOPARDO, ZEBRA, CROCODILO.

Amigos da selva

CAIXA DE PALAVRAS: GIRAFA, LEÃO, ELEFANTE.

Que tal deixar a cena bem colorida? Depois, circule o animal mais alto e faça um traço no mais baixo.

O parque

Vamos passear de carro por esta reserva ecológica? Escolha uma trilha para percorrer com o dedo e descobrir os animais que estão no caminho. Depois, faça o traçado do passeio com giz de cera.

CAIXA DE PALAVRAS: ÁRVORE, FLOR, LAGOA, CARRO, GIRAFA, CROCODILO, GORILA, RINOCERONTE, TARTARUGA, LEÃO, ZEBRA, GUAXINIM, TIGRE, CAMELO, ELEFANTE.

Brincando na árvore

Que animais estão voando? De quem é o ninho no galho? Circule com giz de cera o animal que subiu mais alto na árvore.

CAIXA DE PALAVRAS: ÁRVORE, NUVEM, FOLHA, PASSARINHO, NINHO, OVOS, MACACO, BORBOLETA, PANDA, FLOR.

A feirinha

Hoje é dia de fazer compras! Compare as duas bancas; em seguida, circule, na banca ao lado, o que está faltando na banca abaixo. Depois, desenhe nas caixas vazias os alimentos de que você mais gosta.

CAIXA DE PALAVRAS: MULHER, MENINA, HOMEM, PIMENTÃO, UVA, BANANA, BALANÇA, MAÇÃ, ABACAXI, TOMATE, CEBOLA, MILHO, ALFACE, CENOURA.

A geladeira fechada

**Será que a geladeira está cheia ou vazia?
O que você gostaria de guardar dentro dela? Complete
o tracejado e pinte-a com a sua cor favorita.**

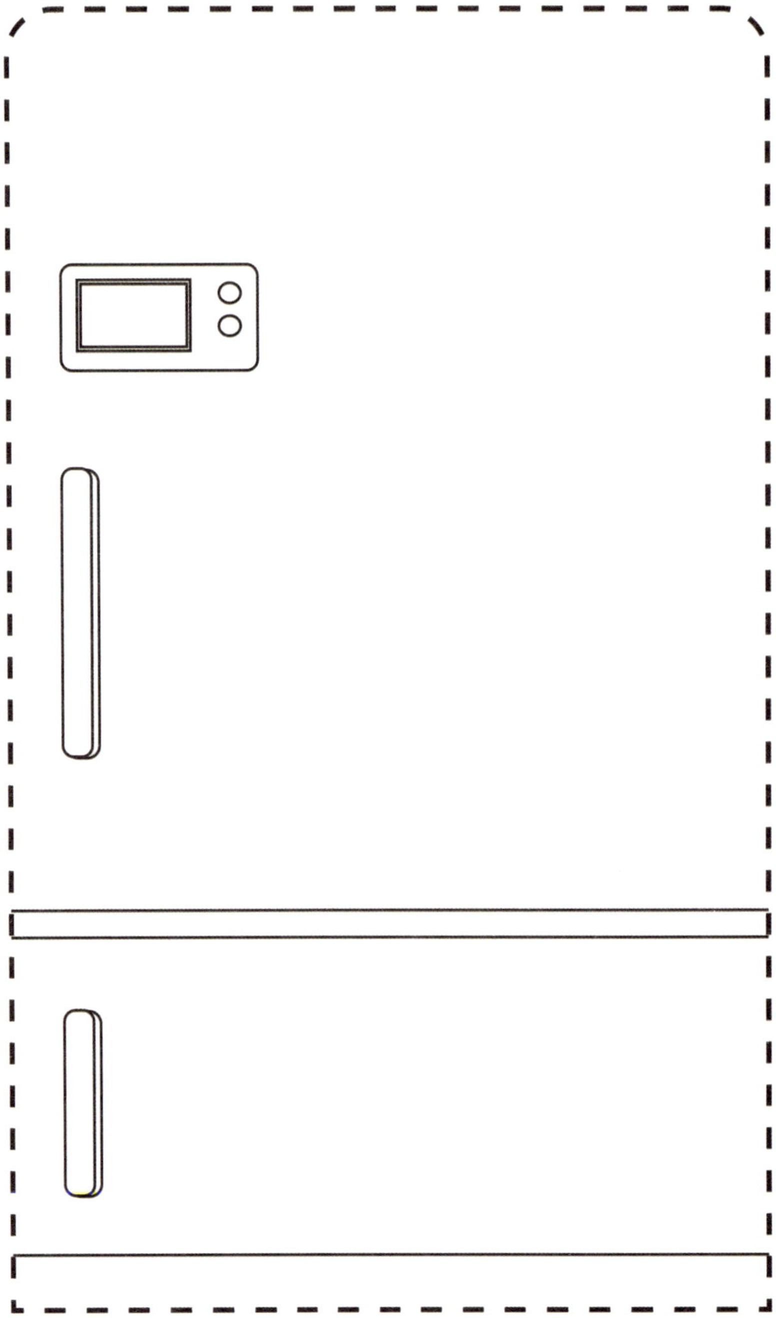

Frutas

Use a tesoura sem ponta e peça ajuda a um adulto para recortar cada figura seguindo as linhas tracejadas.

A geladeira aberta

Agora, que tal guardar as compras? Cole, nas prateleiras e na gaveta da geladeira, as figuras das frutas que você recortou.

CAIXA DE PALAVRAS: MAÇÃ, ABACAXI, UVA, LARANJA, MORANGO, CEREJA, BANANA, MAMÃO.

Seres do gelo

Brrrrrr... que frio! Sabia que alguns animais conseguem viver em ambientes bem gelados, como os dos polos da Terra?

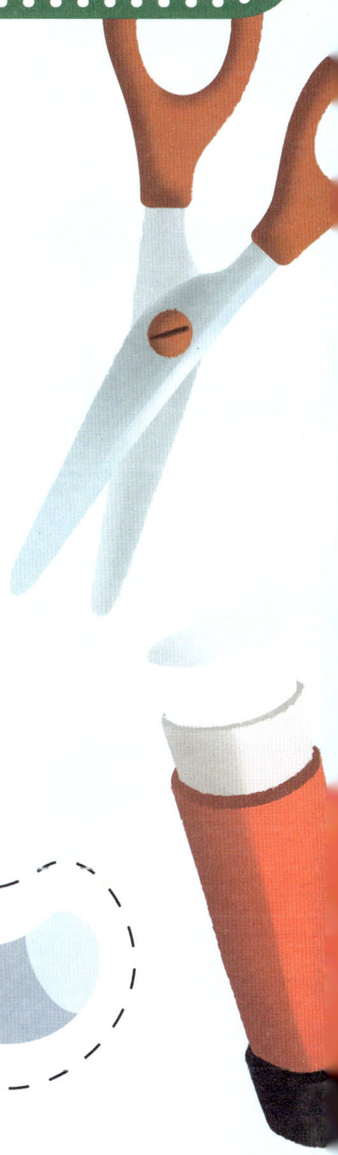

Recortar

Use a tesoura sem ponta e peça ajuda a um adulto para recortar cada figura seguindo as linhas tracejadas.

Animais polares

Vamos conhecer estes animais? Cole, nos locais indicados das páginas, as figuras que você recortou. Qual deles tem presas? Qual tem chifre?

CAIXA DE PALAVRAS: URSO-POLAR, RAPOSA, FOCA, RENA, MORSA.

Intrusos na selva

Parece que alguém esqueceu alguns objetos na floresta. Procure e circule os itens que não fazem parte da natureza. Quem será que os deixou na mata? Qual o motivo desse intruso ter ido embora?

CAIXA DE PALAVRAS: COBRA, BORBOLETA, MACACO, LAGARTA, PÁSSARO. INTRUSOS: BINÓCULO, CANECA, LANTERNA, MOCHILA, PÁ.

Si-la-ban-do!

COPO

RALADOR

FACA

XÍCARA

Você conhece estes objetos? Fale o nome de cada um bem devagar, batendo palmas a cada pedacinho da palavra. Complete a moldura e pinte o fundo de cada figura.

MAPA

TIGELA

BOTA

PANELA

BRINQUE MAIS

Campos de Experiências é só o começo!

Animação até na feira

A hora de fazer compras pode ser divertida e cheia de novidades. Antes de sair de casa, façam juntos uma lista do que comprar, escrevendo à mão o nome de cada item necessário. Na feira ou no supermercado, mostre e nomeie os diferentes tipos de vegetais que encontrarem e, se for possível, deixe que a criança sinta os aromas e toque nas frutas e nos legumes. Comprem alguma fruta diferente para provarem! Confiram, juntos, se pegaram todos os itens da lista e, na volta para casa, peça ajuda à criança para organizar os alimentos — cada um em seu lugar.

Hora do lanche!

Que tal, depois de tanto trabalho com as compras, prepararem e devorarem uma gostosa salada de frutas? Escrevam, juntos, a receita e a compartilhem com um amigo.

Entre no ritmo

Depois de brincar de bater palmas, enquanto fala as palavras que aprendeu nas páginas 56 e 57, experimente fazer o mesmo com o nome de pessoas da família e com as palavras da letra de uma música de que a criança gosta muito, cantando, dançando e marcando as sílabas com palmas.

Nível 3

Imaginar e aprender

Como as crianças passeiam facilmente entre o mundo real e o imaginário, as propostas deste nível incentivam esse percurso, com atividades que estimulam a observação e a análise, valorizando, assim, o potencial da imaginação infantil como fonte de novas experiências e de aprendizagem.

Veja quais são os principais temas e as habilidades desenvolvidas:

- Identificar e nomear animais, objetos e personagens e combinar elementos para elaborar histórias ajudam a criança a se conhecer melhor, a ampliar seu repertório linguístico e a descobrir como utilizar a sua criatividade para **aprender e criar narrativas mais detalhadas e cheias de possibilidades, percebendo-se como autora de suas histórias.**
- As propostas de **traçados mais elaborados** e pintura em áreas bem delimitadas auxiliam no desenvolvimento da atenção, da coordenação visomotora e da motricidade fina, favorecendo um controle mais preciso dos movimentos e da postura, necessário para a aprendizagem da escrita.
- O desafio de **observar detalhes das imagens, fazer comparações e estabelecer relações entre elas** estimula a concentração, o raciocínio lógico e as habilidades de expressão.

As brincadeiras com palavras vão estimular a criança a querer aprender sempre mais. Explore todas as possibilidades fazendo jogos com rimas, pesquisando palavras, brincando com a musicalidade das sílabas e ensinando cantigas, adivinhas e parlendas tradicionais que, além de desenvolver as habilidades linguísticas e ampliar o vocabulário, resgatam memórias culturais e afetivas.

Lá vem história!

Nas páginas seguintes, você vai encontrar quatro dados com imagens diferentes em cada face. Chame um adulto para montá-los e ajudá-lo a preparar um jogo divertido para dois ou mais participantes.

INSTRUÇÕES:

1. Observe e diga quais são as figuras nas faces de cada dado.
2. Destaque as páginas e cole-as sobre uma cartolina. Deixe secar bem.
3. Recorte os dados pelas linhas tracejadas.
4. Monte os dados: faça as dobras nas linhas retas, passe cola nas abas e feche cada um.
5. Na hora de brincar, tirem na sorte quem será o primeiro.
6. O participante escolhe um dado, joga e tem que criar uma pequena história sobre a figura que estiver com a face voltada para cima.
7. Cada participante, na sua vez, joga um dado e acrescenta um elemento à história.
8. Depois de usar os quatro dados, podem jogar o primeiro de novo, e assim sucessivamente, até chegarem a um final para a história.

CAIXA DE PALAVRAS: MENINA, CASTELO, URSO, MORANGO, MAGO, ESPELHO, BALDE, FORMINHA E PÁ, CARRO, FADA, REI, ROBÔ, GUARDA-CHUVA, BOLA, CAMINHÃO, RAINHA, FLOR, BOTAS, BARRACA, CAVALEIRO, CHAPÉU, ELEFANTE, TAMBOR, TARTARUGA, FOGUEIRA.

DOBRE

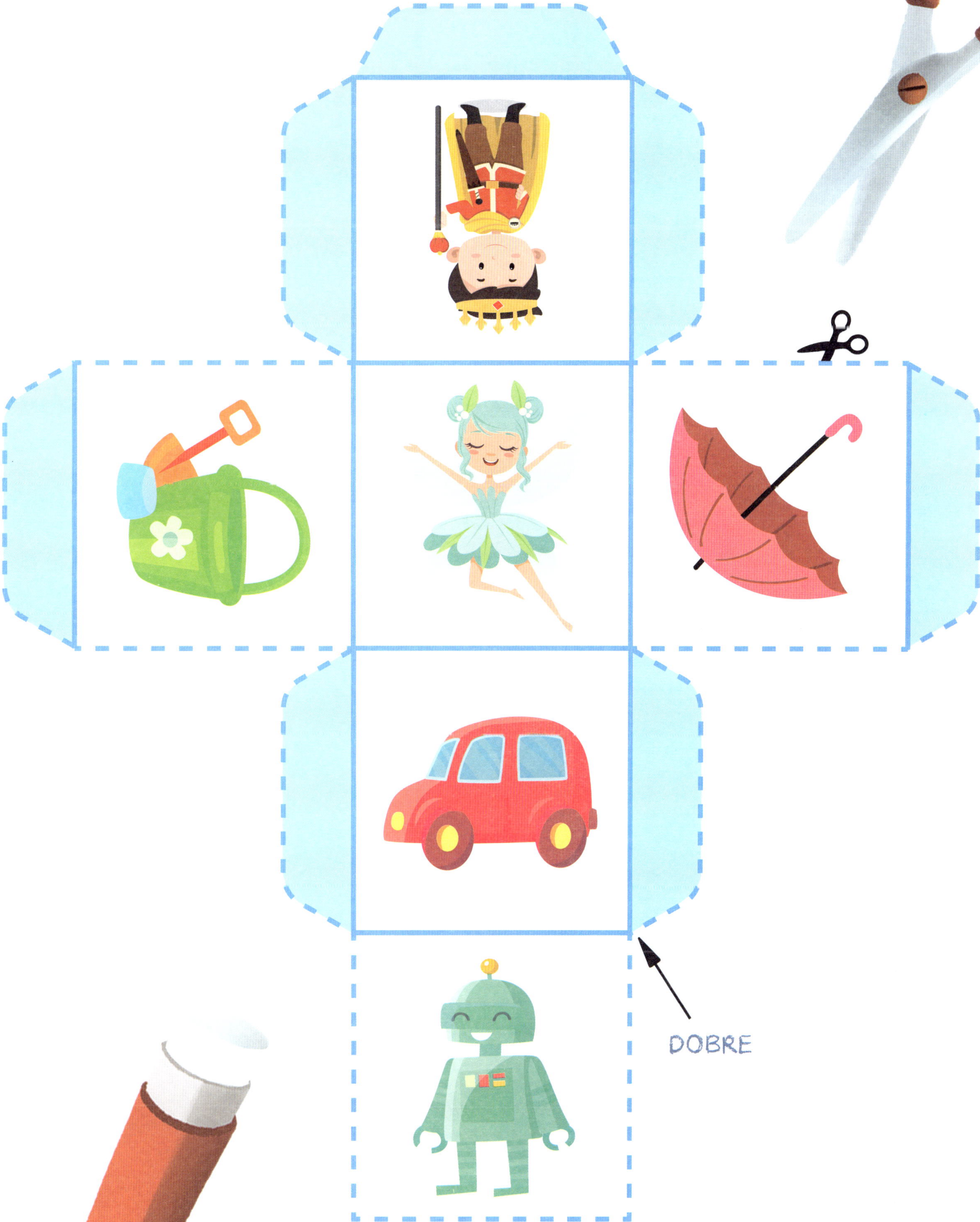
DOBRE

DOBRE

DOBRE

O unicórnio

Você acha que unicórnios existem de verdade ou só na nossa imaginação? Faça os caminhos com o dedo para descobrir qual deles vai levar o unicórnio até o castelo. Depois, trace o caminho correto com lápis de cor.

CAIXA DE PALAVRAS: CASTELO, ESTRELAS, NUVENS, UNICÓRNIO. RESPOSTA: CAMINHO 2.

Frente e verso!

Que animas são estes? Vamos unir a parte da frente e a de trás de cada um, ligando-os com o dedo e, depois, com o lápis nas cores indicadas.

CAIXA DE PALAVRAS: RINOCERONTE, TIGRE, TOURO.

Dentro e fora!

Onde os bichos de estimação estão? Faça um círculo nos que estão dentro de sua casinha e um traço nos que estão fora. Depois, conte algo engraçado sobre gatos e cachorros.

CAIXA DE PALAVRAS: CACHORRO, GATO, CASINHA, SACOLA.

O cachorro

Pinte cada espaço na cor indicada para deixar a cena bem colorida e escolha um nome para este pet.

 CAIXA DE PALAVRAS: CACHORRO, PET.

Os gatinhos

Qual é a cor de cada gatinho? Será que eles são amigos ou parentes? Marque em azul os dois que são iguais e desenhe um cestinho para os que estão dormindo. Escolha com qual deles você gostaria de brincar e conte uma história sobre ele.

O sapo

Você sabia que o sapo passa parte de sua vida na água e parte na terra? A seguir, assinale a imagem que mostra as fases da vida dele na sequência correta.

1

2

3

CAIXA DE PALAVRAS: OVOS, GIRINO, SAPO. RESPOSTA: IMAGEM 2.

Palavras que rimam!

Vamos recitar esta parlenda e descobrir as rimas? Complete e pinte da mesma cor as palavras que rimam, ou seja, cujos sons finais combinam. Você conhece outras palavras assim?

O SAPO BATE **PAPO**
E TOMA SOL À **TOA**.
O **GECO** FICA NO **SECO**
E O **SAPO** LÁ NA **LAGOA**.

PALAVRAS QUE RIMAM: PAPO-SAPO, GECO-SECO, TOA-LAGOA.

O caracol

CAIXA DE PALAVRAS: CARACOL.

Você acha que o caracol anda rápido ou devagar? Treine com o dedo os tracejados e, depois, complete-os com o lápis. Faça os dois desenhos do caracol e deixe-os bem coloridos.

Achei!

CAIXA DE PALAVRAS: OS ITENS EM DESTAQUE SÃO TESOURA, VASINHO COM PLANTA, JARRA, CONE, NOVELO.

Onde as crianças estão? O que elas estão fazendo? Circule com cores diferentes a que está em pé e a sentada no chão. Mostre que você é um bom detetive e encontre na cena os cinco objetos em destaque.

BRINQUE MAIS

Campos de Experiências é só o começo!

Que bicho é este?

Depois de fazer as atividades, observar as figuras dos animais e conversar sobre suas características, convide a criança a fazer pesquisas para saber mais sobre eles e proponha um jogo: um participante de cada vez vai imitar os movimentos de um animal para que os outros descubram que bicho é — sapo, gato, cachorro, caracol, tigre, touro e até unicórnio podem entrar na brincadeira.

Do outro lado

Depois de brincar associando as imagens da frente e das costas dos animais, convide a criança a observar objetos, lugares e seres vivos com mais atenção e a notar os diferentes ângulos em cada um. Para comparar, vocês podem fazer fotos do fundo e das laterais da casa, da geladeira da cozinha e dos brinquedos da criança.

Muito fofinhos

A convivência com animais de estimação pode fazer muito bem a pessoas de todas as idades, especialmente às crianças. Se a família tem algum bichinho em casa ou se conhece alguém que tem, é interessante oferecer aos pequenos a oportunidade de ajudar a cuidar do animal — colocar comida ou água, por exemplo —, sempre com a supervisão de um adulto.

Nível 4

Ampliando fronteiras

Como os recursos de comunicação estão desenvolvidos e há mais atenção ao que ocorre no mundo, o contato com adultos e crianças e as trocas de experiências se intensificaram, levando os pequenos a descobrirem que, além de seu cotidiano, há outras realidades, outras formas de viver, de pensar e de imaginar o mundo e que sempre podemos aprender com o outro. Essa percepção, aliada à curiosidade, é essencial para o desenvolvimento infantil.

Veja quais são os principais temas e as habilidades desenvolvidas:

- Movida pela curiosidade, a criança já tem contato com **com letras e números** e talvez já identifique muitos deles. Aqui, as atividades a incentivam a ampliar suas experiências com o tema e a formular hipóteses, definindo caminhos importantes para o processo de alfabetização e letramento.
- Ao conhecer itens tão diferentes, como meios de transporte, animais que vivem em ambientes marinhos e instrumentos musicais, entre outros objetos, a criança tem a chance de **ampliar seu vocabulário e expandir suas áreas de interesse**, indo além das experiências do cotidiano.
- **O jogo de pista traz uma divertida brincadeira com palavras**, que reforça a experiência com a linguagem e é um convite à interação. É hora de aprender a ouvir, a seguir regras, a esperar a vez, a ganhar e a perder.

Incentive a criança a ter interesse por temas mais amplos, ajudando-a na hora de formular perguntas e de pesquisar, valorizando a curiosidade e evitando respostas prontas. É importante ela saber que há muito para se descobrir e que os pais ou responsáveis estarão por perto.

Os transportes

 CAIXA DE PALAVRAS: BALÃO, HELICÓPTERO, AVIÃO, TREM , MOTO, BARCO.

Você conhece estes meios de transporte? Já passeou em algum deles? Quais se locomovem na terra, quais no ar e qual na água? Pinte o balão com as suas cores preferidas.

Viagem ao espaço

Sabe como se chama o transporte que leva o astronauta até o espaço? Complete o desenho, pinte-o e, depois, encontre a trilha correta para o astronauta chegar ao foguete.

CAIXA DE PALAVRAS: ASTRONAUTA, FOGUETE, ESTRELAS.

Que trânsito!

No lugar onde você mora, passam muitos carros? Você sabe para que servem os meios de transporte abaixo? Fale sobre cada um e, depois, circule o veículo que faz a coleta do lixo.

CAIXA DE PALAVRAS: PLACA DE TRÂNSITO, ÔNIBUS ESCOLAR, MOITA, SEMÁFORO, CAMINHÃO, ÁRVORE, CAMINHÃO DE BOMBEIROS, TÁXI, CONE DE SINALIZAÇÃO, AMBULÂNCIA, CAMINHONETE, CARRO, CAMINHÃO COLETOR DE LIXO, ÔNIBUS URBANO.

Mergulhando fundo!

Quem são estas criaturas que vivem no fundo do mar?
Pinte o polvo e circule o animal que produz pérolas.

CAIXA DE PALAVRAS: PEIXE, POLVO, ÁGUA-VIVA, OSTRA, ESTRELA-DO-MAR, SIRI, ALGA, ANÊMONA.

Música, maestro!

Use o dedo e, depois, o lápis para ligar os instrumentos às sombras. Será que você consegue imitar o som de cada um?

CAIXA DE PALAVRAS: PIANO, PANDEIRO, TAMBOR, GUITARRA, SAXOFONE.

Brincadeiras no parquinho

CAIXA DE PALAVRAS: ÁRVORES, MAÇÃ, LARANJA, CRIANÇAS, BALANÇO, CARACOL, ESCORREGADOR, FLOR, BORBOLETA, GANGORRA, BOLA.

Você conhece estes brinquedos? Em qual deles você se diverte mais quando vai ao parquinho? Complete o tracejado, pinte as figuras e circule na cena as imagens que aparecem no quadro em destaque.

O alfabeto

Você já conhece o alfabeto? Faça um caminho com o dedo, passando por todas as letras, em ordem alfabética. Depois, trace esse caminho com giz. Circule a letra inicial do seu nome e brinque de falar outras palavras que comecem com ela.

A ORDEM ALFABÉTICA: A, B, C, D, E, F, G, H, I, J, K, L, M, N, O, P, Q, R, S, T, U, V, W, X, Y, Z.

Brincando com as palavras

Convide seus amigos e familiares para aprender palavras e se divertir com este exclusivo JOGO DE PISTA CAMPOS DE EXPERIÊNCIAS!

Você vai precisar de:

- Um ajudante adulto.
- Um dado.
- Marcadores de cores diferentes para cada jogador (tampinhas de garrafa PET, botões ou o que quiser).
- Fichas ilustradas.
- Pista.

Número de participantes:

- de 2 a 4.

Preparação:

- Peça ajuda a um adulto para montar a pista, recortar as fichas e ler as palavras e as instruções para realizar os desafios indicados.
- Destaque as páginas com as fichas e a pista. Se quiser dar reforço, cole-as em uma cartolina antes de finalizar.
- Recorte as fichas ilustradas seguindo as linhas tracejadas.
- Monte o jogo: recorte as partes da pista pelas linhas tracejadas e, pelo verso, cole-as com fita adesiva.

INSTRUÇÕES:

1. Cada jogador deve colocar seu marcador no tabuleiro na posição **INÍCIO**.

2. Faça um montinho com todas as fichas, com as imagens viradas para baixo, e coloque-o no local marcado do tabuleiro.

3. Todos jogam o dado e quem tirar o número maior começa a partida.

4. O primeiro jogador lança o dado, avança com seu marcador o número de casas que aparecer no dado, pega uma ficha do topo (sem mostrá-la para os outros) e faz o que está indicado, de acordo com a **cor da casa** em que parar:

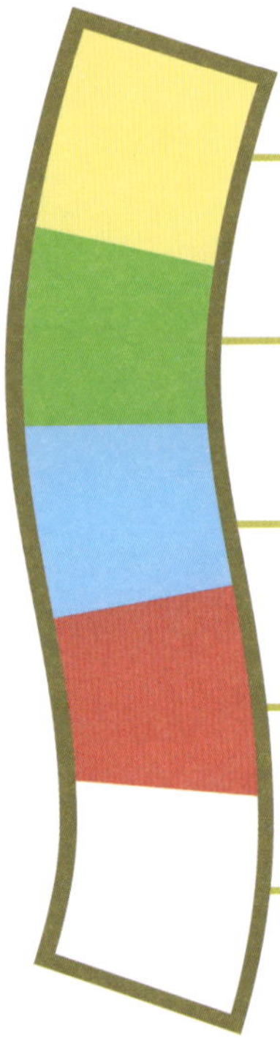

FALE UMA PALAVRA QUE RIME OU COMECE COM A LETRA DA PALAVRA QUE ESTÁ NA SUA FICHA.

DIGA A PALAVRA DE SUA FICHA, MARCANDO CADA PEDACINHO (SÍLABA) COM PALMAS.

FAÇA UMA MÍMICA PARA DESCOBRIREM QUAL PALAVRA VOCÊ TIROU.

TIRE MAIS UMA FICHA E COMPARE O TAMANHO DAS PALAVRAS. QUAL É A MAIOR E QUAL É A MENOR? OU AS DUAS SÃO IGUAIS?

FIQUE UMA RODADA SEM JOGAR.

AVANCE OU VOLTE PARA A CASA INDICADA.

5. Se precisar, peça ajuda para realizar o desafio. Depois, coloque a ficha no monte, embaixo das outras, com a imagem virada para baixo.

6. O jogador à direita prossegue a jogada, lançando o dado e seguindo as mesmas indicações anteriores.

7. Ganha quem chegar primeiro à posição **FINAL**.

FLOR

PÁ

SOL

TREM

RÃ

MALA

PENTE

RATO

SOFÁ

ROBÔ

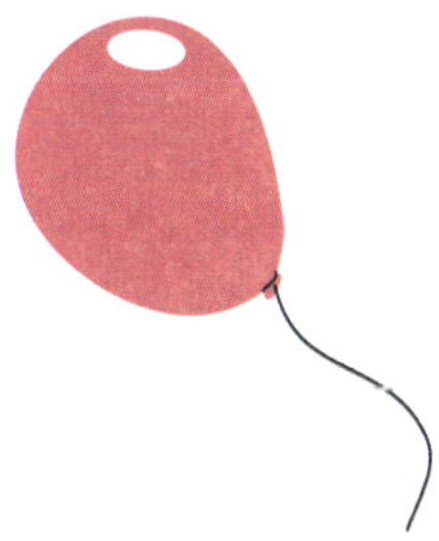

BALÃO

SAPATO

TUCANO

CHINELO

CANGURU

PELICANO

BICICLETA

PATINETE

CARAVELA

XILOFONE

1
2
3
4
5
6
7
8
9
10
11
12
13
14
INÍCIO
FICHAS

15
16
17
18
19
20
21
22
23
24
25
26
27
28
29
30
31
32
33
34
FINAL

BRINQUE MAIS

Campos de Experiências é só o começo!

Turbinando

Deixe seu **JOGO DE PISTA CAMPOS DE EXPERIÊNCIAS** cada vez mais interessante criando e adicionando a ele novas fichas. Sugira que a criança use pedaços de cartolina do tamanho das fichas e cole ou desenhe outras imagens, ajudando-a na escrita das palavras. Se perceber que ela tem dificuldade com sons específicos, incentive-a a procurar palavras que auxiliem no treino desses sons e vá acrescentando mais fichas.

Guarde seu jogo!

Convide seu pequeno para escolher e forrar com papel colorido uma caixa com tampa um pouco maior que a pista do jogo dobrada ao meio. Escrevam **JOGO DE PISTA CAMPOS DE EXPERIÊNCIAS** em uma etiqueta e, depois, colem na tampa da caixa. Coloquem as fichas, o dado e os marcadores em uma caixinha ou em um saquinho. Quando terminar de brincar, é só guardar tudo, incluindo as regras do jogo. Assim, tudo fica sempre em ordem para brincar outras vezes!

Caixa de aventuras

Depois de se divertir com tantos meios de transporte, que tal brincar de viajar? Procure uma caixa grande, ou mesmo um tapete, e proponha à criança usar a magia do faz de conta para transformar esse objeto no veículo que quiser — pode ser um submarino, um avião, um cavalo, um foguete ou um ônibus para fazer uma viagem. Explore as muitas possibilidades nessa aventura: Para onde vamos? Como vamos até lá? Quem e o que vamos levar conosco? O que vamos encontrar?

Animação!

Ouvir música estimula áreas importantes do cérebro relacionadas à sensibilidade, à cognição, à expressão corporal, à socialização e à comunicação. Convide a criança para ouvir diferentes estilos musicais, cante com ela e separe alguns objetos simples de casa, como latinhas, colheres e caixas, que podem virar tambores e chocalhos na hora de acompanhar o ritmo.

Hora de comemorar!

A criança chegou até aqui e, por isso, merece um presente por ter completado o livro. Então, ajude-a a preencher o **DIPLOMA** no final do livro. Depois, destaque-o e deixe-a guardar essa lembrança dos momentos felizes de aprendizado e diversão que vocês vivenciaram juntos. Continue incentivando-a a fazer descobertas e a brincar com as palavras. Parabéns para vocês!

DICAS PARA pais e educadores

Veja como usar os livros da coleção **Campos de Experiências** para tornar ainda mais especiais seus momentos com a criança!

Na hora certa

Evite iniciar as atividades do livro se a criança estiver muito agitada, envolvida com outra brincadeira, sonolenta ou com fome, por exemplo. É melhor aguardar um momento em que ela esteja mais disponível e tranquila, para que possa dedicar mais atenção a cada proposta.

Mantenha o foco

O ideal é acompanhar a criança durante toda a atividade, apresentando as propostas, ouvindo as perguntas, observando-a com atenção e valorizando seus comentários e progressos. Reserve esse tempo de qualidade para estar com a criança, mantendo distância de aparelhos eletrônicos e evitando fazer várias coisas simultaneamente.

Comece do começo

Não há uma ordem determinada para a realização das atividades, mas o ideal é começar pelas mais simples, avançando aos poucos. Caso perceba pouco interesse da criança por certo desafio, avance nas páginas para outro tema que chame mais a atenção dela e retorne a esse em outro momento.

Sempre à mão

Deixe o livro em um local acessível, para que a criança possa folheá-lo, explorar os temas e descobrir por quais se interessa mais, rever as páginas que completou e também ter a iniciativa de convidar você a fazer as atividades.

✔ Perceba a hora de parar

A atenção ativa das crianças, especialmente das mais novas, tem duração limitada. É essencial respeitar essa característica, sugerindo as propostas mais adequadas a cada momento. Se for o caso, apresente desafios em etapas ou faça pausas e fique atento para interromper uma atividade antes que a criança apresente sinais de irritação ou cansaço.

✔ Seja positivo

Caso a criança cometa algum erro enquanto realiza uma atividade, não a reprove nem demonstre decepção. Valorize sua criatividade e seu empenho e procure incentivá-la a tentar mais vezes, reafirmando a sua confiança. Diga que será mais fácil na próxima tentativa e que vocês conseguirão melhores resultados depois de mais treino.

✔ Desafios na medida certa

Escolha a atividade adequada: se estiver fora de alcance naquele momento, a criança pode ficar irritada e desistir e, se for fácil demais, pode não se interessar em terminá-la.

✔ Envolva-se!

A atenção do adulto é muito importante para que a própria criança valorize a atividade que está realizando. Participe da brincadeira e, ao terminarem uma atividade, comemore com um abraço carinhoso.

✔ Sensibilidade é tudo!

Na infância, a aprendizagem está muito ligada a sensações e emoções. É importante estimular a criança a vivenciar as situações de forma concreta, tocando nos materiais, ouvindo palavras e sons, observando imagens, explorando a sensação e utilizando os sentidos para concretizar a aprendizagem.

ESCREVER
faz bem!

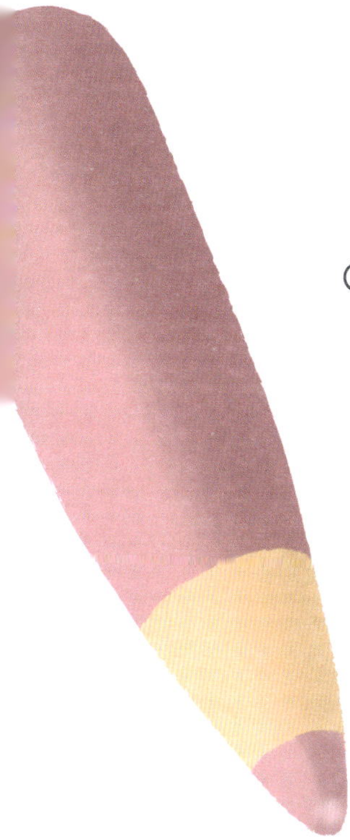

O uso de teclados, telas e *joysticks* é cada vez mais frequente; entretanto, especialistas em neurologia e neurociência alertam sobre a importância da escrita manual, a qual é capaz de ativar áreas do cérebro ligadas a habilidades como coordenação motora, memória, atenção, organização de ideias, coerência e raciocínio, além de favorecer a criatividade e a comunicação.

Na infância, traçar, desenhar, pintar e escrever à mão é ainda mais importante, pois esse tipo de atividade influencia o desenvolvimento global da criança e de todo o seu processo de alfabetização.

Os exercícios de escrita favorecem a percepção espacial e a organização, ajudam na coordenação visomotora e fixam memórias que permitem reconhecer as formas das letras e aprender os movimentos e as conexões necessárias para escrever e ler, definindo ligações entre os processos de leitura e de escrita, facilitando o reconhecimento visual, a organização mental e a percepção de conceitos abstratos.

Para os adultos, escrever já é um processo automatizado, mas para as crianças essa competência é resultado do avanço gradual de **múltiplas habilidades**, dentre elas: a capacidade de perceber, distinguir e produzir sons para se comunicar; a memória; a consciência corporal; a organização espacial e a coordenação das mãos e dos dedos.

Na fase entre 3 e 6 anos de idade, muitas dessas habilidades estão em sua potência máxima de desenvolvimento. Portanto, oferecer aos pequenos materiais adequados às suas primeiras experiências de escrita é um grande estímulo para que avancem nesse caminho. Outra dica é escrever com as crianças, redigindo cartões, fazendo listas de convidados e de compras ou bilhetes e mostrando a escrita à mão como uma atividade lúdica e prazerosa.

Corpo em equilíbrio

A percepção do corpo e o controle da postura e dos movimentos também são importantes para avançar nas habilidades de escrita. Ajude a criança a se concentrar e se posicionar corretamente, a fim de vocês se divertirem com este livro. Para isso:

- Procurem um local bem iluminado e sem barulho.
- A criança deve ficar sentada em uma cadeira adequada a seu tamanho, com as costas e os pés apoiados.
- Os cotovelos e os antebraços devem estar livres e a mão em repouso.
- A mesa precisa estar próxima e ter a altura adequada para que a criança se incline levemente, sem precisar ficar apoiada na mão ou sobre a mesa.

Brincar para escrever

Algumas atividades divertidas ajudam a desenvolver a motricidade. Convide a criança a manusear livros, aprendendo a virar as páginas uma a uma, a brincar com blocos de montar, massinha de modelar, fantoches e dedoches, a rasgar papéis de diferentes espessuras e a usar pinças ou pegadores para colocar e tirar brinquedos de um pote.

De olho nas mãos

Quando fazemos uma anotação qualquer, nem reparamos nas nossas mãos, mas a posição dos dedos ao pegar um lápis é resultado de um longo aprendizado motor e cognitivo.

A forma de segurar uma ferramenta de escrita é chamada de pega ou preensão. A preensão trípode, quando se utiliza apenas o polegar, o indicador e o dedo médio para escrever, é considerada a mais adequada, pois exige menos esforço e favorece a fluidez e o desenvolvimento da caligrafia.

Entenda as etapas do processo que permite à criança utilizar corretamente o lápis:

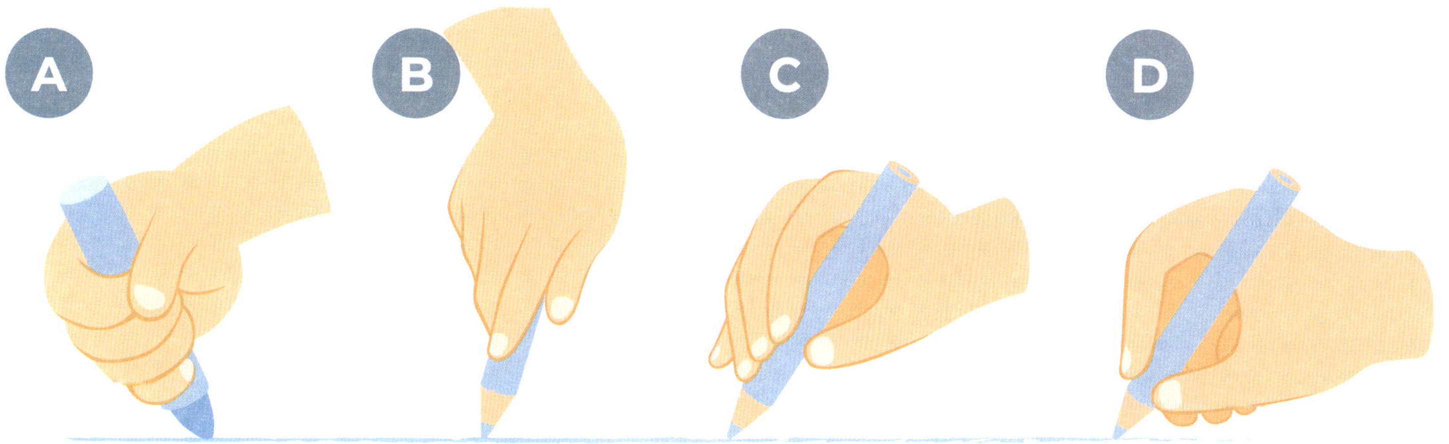

A) Preensão palmar: entre os 12 e 18 meses de idade, a criança usa praticamente toda a mão para segurar o lápis e movimenta também o ombro e o braço para movê-lo. Nessa fase, o mais adequado é usar um giz de cera bem grosso.

B) Preensão pronada: surge por volta dos 2 e 3 anos de idade. A criança passa a usar mais os dedos para segurar o lápis e o movimento envolve, principalmente, o antebraço e o cotovelo.

C) Preensão com quatro dedos: geralmente entre os 3 e os 4 anos de idade, a criança começa a usar quatro dedos para segurar o lápis e o movimento passa a se concentrar no punho e nos dedos.

D) Preensão trípode: surge por volta dos 4 anos e segue se desenvolvendo até cerca dos 7 anos de idade.

Como ajudar?

Cada criança tem seu tempo e cada fase é importante para o desenvolvimento motor. Nesse percurso, pode ser que a criança alterne as formas de preensão do lápis, até que o amadurecimento de funções permita uma acomodação na **preensão trípode**. Todavia, é importante ensinar a forma correta para evitar problemas de caligrafia e ergonômicos, que podem durar por toda a vida.

Procure auxiliar a criança a treinar a pega seguindo alguns passos:

1- Com a mão que usa para escrever, a criança deve fazer uma pinça com os três dedos: polegar, indicador e médio, mantendo-os abertos e deslocados mais à frente dos outros.

2- Ajude-a a colocar o lápis no espaço entre os dedos polegar e indicador e a deslizar esses dedos pelo lápis, para cima e para baixo algumas vezes, para treinar o movimento usado na escrita.

3- Em seguida, peça a ela que mantenha o lápis entre o polegar e o indicador e feche o dedo médio, apoiando o lápis e mantendo-o parado. Mostre que é melhor segurar mais perto da ponta, com o indicador a cerca de dois dedos de distância da ponta do lápis.

Sugira que a criança trace linhas em uma folha, da esquerda para a direita, e que observe como os seus outros dedos ajudam a mão a deslizar sobre a folha de papel. Mostre ainda que a outra mão ajuda a manter a folha no lugar e apoia o corpo para que ele fique reto.

Se a criança ainda estiver desenvolvendo a pega, prefira um giz de cera grosso ou use adaptadores. As crianças com mais idade podem começar com lápis triangulares ou sextavados, que facilitam o apoio dos dedos.

DIPLOMA

COLE
UMA FOTO
SUA AQUI.

CERTIFICAMOS QUE ....

COMPLETOU O LIVRO

Eu me Comunico

CAMPOS DE
EXPERIÊNCIAS

PARABÉNS
CAMPOS DE EXPERIÊNCIAS